Genussmomente

GRILLEN

EMF

EIN BUCH DER
EDITION MICHAEL FISCHER

INHALTS-VERZEICHNIS

GRUNDLAGEN

GRILL-BASICS

DAS RICHTIGE GERÄT

Der Elektrogrill

Der Elektrogrill ist besonders praktisch, wenn auf dem Balkon oder in der Wohnung gegrillt werden soll. Er ist einfach zu handhaben, sofort einsatzbereit und lässt sich leicht reinigen. Die meisten Geräte haben eine herausnehmbare Auffangschale, die sich einfach abspülen lässt. Auf die typischen Grillaromen muss man allerdings bei diesem Grill weitgehend verzichten, außerdem funktioniert er nur mit Stromanschluss. Beim Kauf aber nicht zu knauserig sein, sonst hat der Grill womöglich zu wenig Leistung – etwa 2.000 Watt muss er schon liefern, um ein gutes Grillergebnis zu erzielen.

Der Gasgrill

Keine Kohle schleppen, kein Rauch und kein Gezündel – der Gasgrill ist praktisch, liefert aber dafür kein typisches Raucharoma wie beim Grillen mit Holzkohle oder Briketts. Der großer Vorteil dabei aber ist: Lange Garzeiten mit gleichbleibenden Temperaturen sind kein Problem, denn fast alle Geräte haben eine elektronische Zündung für sicheres Anzünden. Die Stärke der Brennflamme und damit die Temperatur lassen sich mit einem Drehknopf regeln. Ein Gasgrill ist schnell einsatzbereit, einfach angezündet und leicht zu reinigen. Dafür den Grill auf höchster Stufe freibrennen – so verkohlen Fett und Speisereste. Die Rückstände kann man mit einer Grillbürste abbürsten. Ab und an sollte auch die Fettauffangschale geleert werden.

Der Kontaktgrill

Der Kontaktgrill ist eine tolle Alternative zu gewöhnlichen Grills: Er kann auf dem Balkon oder auch in der Küche genutzt werden und ist sehr praktisch. Kurz aufgeheizt, erzeugt er recht hohe Temperaturen und ist schnell einsatzbereit. Mit einem hochwertigen Kontaktgrill wird das Grillgut außen gleichmäßig geröstet und bleibt innen saftig. Allerdings ist auch hier ein Stromanschluss nötig und die klassischen Raucharomen stellen sich nicht ein. Die meisten Kontaktgrills sind eher klein und nicht für das Grillen für viele Personen ausgelegt, aber für zwei perfekt.

Der Holzkohlegrill

Der Holzkohlegrill ist der Klassiker unter den Grills! Er erzeugt ein einzigartiges Aroma und einen rauchigen Geschmack, so wie man sich das beim Grillen wünscht. Allerdings ist die Handhabung wesentlich aufwendiger als etwa bei einem Gas- oder Elektrogrill. Die Kohle muss erst einmal mit Grillanzünder, Heißluftföhn etc. auf die richtige Grilltemperatur gebracht werden. Das kostet Zeit, erzeugt einiges an Rauch und auch die Temperatur ist schwer zu kontrollieren. Am besten sind Grills aus Edelstahl oder Gusseisen, die unempfindlich gegen Rost sind und auch nach der ersten Grillsaison noch gut aussehen.

SINNVOLLES EQUIPMENT

Anzündkamin
Briketts oder Holzkohle können hiermit schnell und einfach zum Glühen gebracht werden.

Fischhalter
Lässt den Fisch auf dem Grill stehen, ist aber auch praktisch zum Räuchern.

Gemüsekorb
Korb (quadratisch oder rund) mit Löchern. Darin lässt sich Gemüse, aber auch Fleisch direkt grillen.

Grillhandschuh
Zum Schutz der Hand ist ein Handschuh aus Leder oder feuerfestem Textil beim Grillen sehr zu empfehlen.

Grillkorb
Kleines Grillgut kann schnell und unkompliziert gewendet werden – noch praktischer mit Griff!

Grillplatte
Wenn auf dem Grill etwas gebraten werden soll, ist eine Grillplatte perfekt. Es gibt sie meist mit einer glatten und einer geriffelten Seite.

Grillschalen
Darin kann empfindliches Grillgut indirekt gegrillt werden. Außerdem können sie als Tropfschalen verwendet werden. Beim direkten Grillen verhindert eine Grillschale, dass Fleischsaft oder Öl in die Glut tropfen und möglicherweise schädliche Stoffe entstehen.

Grillthermometer
Um die Kerntemperatur zu bestimmen, ist ein Grillthermometer unverzichtbar.

Grillzange
Eine solide Zange zum Wenden von Grillgut.

Holzkohlekörbe
Um indirekt grillen zu können, sind Holzkohlekörbe eine praktische Anschaffung. Sie werden mit den glühenden Kohlen oder Briketts befüllt und an der richtigen Stelle im Grill platziert. Auf diese Weise lässt sich die Position der direkten Hitze leicht verschieben.

Kohlezange
Zum Nachlegen von Kohlen, Briketts oder Holz. So macht man sich nicht schmutzig und bleibt in sicherer Entfernung zum Feuer.

Pizzastein
Pizza gelingt bei hoher Hitze am besten, deshalb ist Pizza auf dem Grill mit einem Pizzastein aus Schamott einfach perfekt.

Pökelspritze
Hilfreich, um Marinaden oder Salzlaken ins Fleisch zu spritzen.

Räucherbox
Mit Räuchermaterial gefüllt, aromatisiert sie das Grillgut. Sie sollte aus Edelstahl oder Gusseisen bestehen.

Räucherschale
Genauso wie die Räucherbox zum Aromatisieren von Grillgut, allerdings wird sie direkt auf die Glut platziert.

Spieße
Aus Holz oder Metall. Holzspieße am besten vor Benutzung zunächst etwa 2 Stunden in Wasser einweichen.

VERSCHIEDENE GRILLMETHODEN

Direktes und indirektes Grillen

Der wesentliche Unterschied ist sicher bekannt und gilt gleichermaßen für Holzkohle- sowie Gasgrills. Bei direkter Hitze wird mit eher hohen Temperaturen gearbeitet, bei der das Grillgut direkt über der Hitzequelle gart. Das erzeugt einerseits eine schöne Kruste und Röstaromen, erfordert aber auch etwas Fingerspitzengefühl, damit nichts anbrennt. Direkte Hitze eignet sich vor allem für zartes, kurzgarendes Fleisch wie Steaks, Filetiertes oder Krustentiere.

Indirekte Hitze, also Hitze, bei der das Grillgut lediglich von zirkulierender Hitze umschlossen wird, wird vor allem bei langgarenden, größeren Fleischstücken verwendet, bei denen sich auch der Einsatz eines Kerntemperaturfühlers empfiehlt. Anders als bei kurzgarendem Fleisch lässt sich bei größeren Fleischstücken der Gargrad nicht von außen erkennen. Zudem erfordern einige Fleischarten, die viel zähes Kollagen enthalten, von Haus aus längere Garzeiten, bei denen niedrige Temperaturen, die über einen langen Zeitraum gehalten werden müssen, zwingend erforderlich sind.

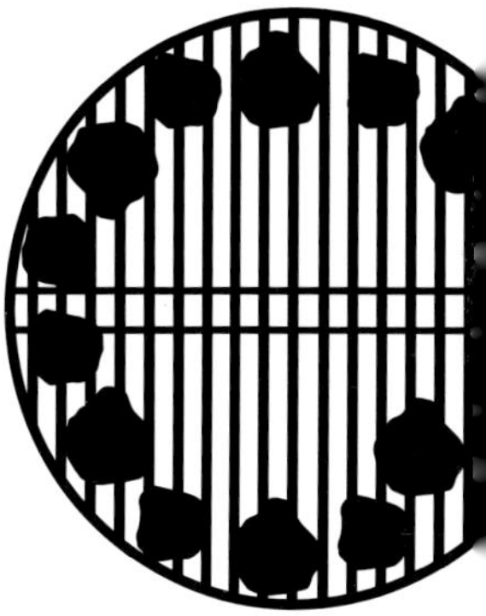

Gängig ist aber ebenso eine Kombination aus beiden Grillverfahren, z. B. um einem langgarenden Bratenstück am Ende ein knuspriges Finish zu verleihen. Hierzu werden auf dem Kohlegrill zwei verschiedene Garzonen eingerichtet. Beim Gasgrill erfolgt dies über ein Umschalten der aktiven Brenner.

Grillen im Rauch

Wer es wirklich ernst meint mit dem Grillen, kommt früher oder später auch mit dem Thema „Räuchern" in Berührung, bei dem es, neben dem eigentlichen Garen des Grillgutes, auch um dessen Aromatisierung geht. Die einen schwören auf die Verwendung von eher milderen Obstbaumhölzern wie Apfel- oder Kirschbaumholz, andere bevorzugen Buchen- oder Zedernholz, die dann als Räucherplanke, Räuchermehl, Chips oder Chunks zum Einsatz kommen und auf unterschiedliche Weise ihren aromatisierenden Rauch an Fleisch, Fisch oder Gemüse abgeben. Am einfachsten räuchern lässt es sich mit einem Kugel-Holzkohlegrill, bei dem die Räucherchips oder -chunks einfach direkt auf den glühenden Kohlen platziert werden. Deckel zu und fertig!

Für die Rezepte

Bei den folgenden Rezepten wird nicht angegeben, welcher Grill genutzt werden muss, sondern welche Temperatur und welche Grillmethode gebraucht wird. So sehen Sie auf einen Blick, ob das Rezept für Ihren Grill geeignet ist. Direktes Grillen klappt mit jedem Grill, beim indirekten Grillen muss es möglich sein, eine indirekte Zone einzurichten. Um die Temperatur messen zu können, ist ein Grillthermometer sehr praktisch und garantiert das Gelingen der Gerichte.

KERN-TEMPERATUREN

Um Fleisch und Fisch perfekt zu grillen, brauchen Sie ein Grillthermometer und die folgende Tabelle mit der Information für die richtige Kerntemperatur der verschiedenen Fleisch- und Fischstücke!

SCHWEIN

SCHWEIN	50–100 °C
Keule rosa	65–68 °C
Medaillons rosa	65–67 °C
Rücken rosa	65–69 °C
Filet rosa	58–62 °C
Kamm/Hals	70–74 °C
Schulter	75 °C
Pulled Pork	93–95 °C
Bauch	90 °C
Bauch gefüllt	70–75 °C
Rippchen/Spare Rips	85 °C
Brustspitze	85 °C
Hackbuletten	76 °C
Kotelett mit Knochen	58–64 °C

RIND

RIND	50–100 °C
Filet rosa	55–57 °C
Roastbeef rosa	55–60 °C
Braten rosa	68–70 °C
Brust/Brisket	88–94 °C
Lende	55–59 °C
Steak rosa	55–57 °C

Kalb

Rücken rosa	65-69 °C
Filet	58–62 °C
Braten	68–73 °C
Brust	76–79 °C
Brust gefüllt	76–80 °C
Lende	58–60 °C
Schulter	75–79 °C

Geflügel

Ente ganz	75 °C
Entenbrust rosa	62–65 °C
Hähnchen ganz	80–85 °C
Maispoularde ganz	80–85 °C
Hähnchenbrust	72 °C
Poulardenbrust	72 °C
Perlhuhnbrust	70 °C
Pute ganz	80–89 °C
Straußensteak	59 °C

Lamm

Keule rosa	59–62 °C
Keule fast durch	70–74 °C
Rücken rosa	59–62 °C
Karree rosa	55–57 °C
Kotelett	56 °C

Fisch

Lachs	54–60 °C
Zander	62 °C
Seeteufel glasig	55–59 °C
Seeteufel	62 °C
Doraden ganz	62 °C
Wolfsbarsch ganz	62 °C

REZEPTE

CHICKEN WINGS

mit Sesam

FÜR 4 PORTIONEN

Für die Glasur

- 6 EL Ketchup
- 1 TL Knoblauchgranulat
- 1 TL Salz
- 1 TL frisch geriebener Ingwer
- 1 EL Reisessig
- 2 EL Honig
- 1 EL Worcestersauce

Für die Chicken Wings

- 1–2 EL Sesam
- 60 g Butter
- 1 EL Rapsöl
- 1,2 kg Hähnchenflügel
- Salz
- 1 Frühlingszwiebel
- Saft von 1 Limette

Außerdem

- 1 Grillschale

SO GEHT'S

1 Für die Glasur Ketchup, Knoblauchgranulat, Salz, Ingwer, Essig, Honig und Worcestersauce verrühren und beiseitestellen.

2 Die Sesamsamen in einer beschichteten Pfanne ohne Fett anrösten, bis sie leicht duften. Herausnehmen und zur Seite stellen.

3 Für die Hähnchenflügel Butter in einem Topf zerlassen und das Öl hinzufügen. Die Hähnchenflügel leicht salzen, auf den Grill legen und mit der flüssigen Butter bestreichen. Bei mehrfachem Wenden und Einpinseln ca. 35 Minuten bei geschlossenem Deckel grillen. Anschließend in eine Grillschale legen, mit der Glasur mischen und nochmals etwa 5 Minuten auf den offenen Grill geben.

4 Zum Servieren die Frühlingszwiebel putzen, waschen, in Ringe schneiden. Die Hähnchenflügel mit Frühlingszwiebeln und geröstetem Sesam bestreuen und mit etwas Limettensaft beträufeln. Servieren und genießen.

FLAMMKUCHEN
mit karamellisiertem Speck

FÜR 4 PORTIONEN

- 220 g Mehl, plus etwas mehr für die Arbeitsfläche
- 1 Eigelb (Größe M)
- Salz
- 3 EL Olivenöl, plus etwas mehr zum Bepinseln
- 350 g Räucherspeck in Scheiben (3 mm dick)
- 80 g brauner Zucker
- 1 TL gemahlener Zimt
- 1 Msp. Paprikapulver
- 300 g Brokkoli
- 100 g Schmand
- 100 g Crème fraîche
- Pfeffer
- 1 rote Zwiebel

Außerdem
- 1 Pizzastein
- 1 Aluschale

SO GEHT'S

1 Mehl, Eigelb, ½ TL Salz und 3 EL Olivenöl mit 100 ml lauwarmem Wasser vermischen, gründlich miteinander verkneten und eine Kugel formen. Mit etwas zusätzlichem Olivenöl bestreichen, in Frischhaltefolie wickeln und ca. 30 Minuten ruhen lassen.

2 Den Grill auf 180 °C vorheizen.

3 Den Räucherspeck mit einer Mischung aus braunem Zucker, Zimt und Paprikapulver gleichmäßig bestreuen. Die Speckscheiben dann in einer Aluschale auf den Rost geben und grillen, bis das Fett ausgeschmolzen ist. Zwischendurch wenden. Die Speckscheiben vom Feuer nehmen und auf Küchenpapier abtropfen und abkühlen lassen. Den Brokkoli mit etwas Öl bepinseln und 5–6 Minuten grillen. Zwischendurch wenden. Anschließend wieder vom Rost nehmen.

4 Nun den Pizzastein auf dem Grill platzieren und auf maximale Temperatur aufheizen.

5 Schmand und Crème fraîche miteinander vermischen und mit Salz und Pfeffer abschmecken. Die Zwiebel schälen und in dünne Scheiben schneiden. Den vorbereiteten Flammkuchenteig auf einer bemehlten Arbeitsfläche dünn ausrollen und mit der Creme-Mischung bestreichen. Die Zwiebeln darauf verteilen und für 15–20 Minuten auf dem Pizzastein backen. Kurz vor Ende der Backzeit Speck und Brokkoli auf den Flammkuchen geben und nochmals kurz mitgrillen. Anschließend vom Feuer nehmen und sofort genießen.

LAMMCHOPS

mit Pimientos

FÜR4 PORTIONEN

Für die Marinade

- 1EL schwarze Pfefferkörner
- 1TL Cayennepfeffer
- 1TL Korianderkörner
- 1TL Knoblauchgranulat
- 1EL brauner Zucker
- 1EL getrockneter Rosmarin
- 1TL Salz
- 1TL Abrieb von 1 Bio-Zitrone
- 1EL Aceto balsamico
- 100 ml Olivenöl

Für die Lammchops

- 1,2 kg Lammkotelett
- 250 g Pimientos (grüne Kirschpaprika)
- Olivenöl
- Fleur de Sel

Außerdem

- 1 Grillschale

SO GEHT'S

1 Für die Marinade die trockenen Zutaten in einem Mörser zerkleinern und dann mit Aceto balsamico und Olivenöl verrühren.

2 Die Lammkoteletts mit der Marinade überziehen und für mindestens 4 Stunden abgedeckt ruhen lassen.

3 Den Grill für 200 °C direkte Hitze vorbereiten.

4 Die Pimientos putzen, waschen und ggf. den Stiel etwas kürzen. Anschließend mit etwas Olivenöl marinieren.

5 Lammkoteletts und Pimientos zusammen in eine Grillschale legen und 8 Minuten grillen, dabei mehrfach wenden. Zum Schluss alles mit etwas Fleur de Sel würzen und genießen.

BEER BRATS

mit Zwiebeln

FÜR 4 PORTIONEN

- 1 kleines Bund Thymian
- 2 l Bier (helles Lager)
- 60 g Butter
- 1 EL gekörnte Brühe
- 4 große Gemüsezwiebeln
- 1,2 kg gemischte Grillwürste
- Salz, Pfeffer

Außerdem

- 1 große Grillpfanne

SO GEHT'S

1 Den Thymian waschen, trocken schütteln und die Blättchen abzupfen. Bier, Butter und Thymian in eine große Grillpfanne geben, auf dem Grill zum Kochen bringen und anschließend die gekörnte Brühe hinzufügen.

2 Die Zwiebeln schälen, in Ringe schneiden und mit in die Grillpfanne geben. Das Ganze etwa 20 Minuten einkochen lassen. Die Grillpfanne vom Rost nehmen und beiseitestellen.

3 Jetzt die Grillwürste auflegen und grillen. Die fertig gegrillten Würste zum Bier-Zwiebel-Sud in die Pfanne geben und diese nochmals 10 Minuten auf den Grill stellen, um alles erneut aufzukochen. Zum Schluss mit Salz und Pfeffer würzen und servieren.

TIPP

Die Grillwürste können auch mit Zwiebeln und Senf als Hotdog serviert werden.

PULLED PORK

vom Grill

FÜR 4 PORTIONEN

Für die Injektion
- 1 Tasse Apfelsaft
- 1 Tasse Fleischbrühe (alternativ Fleischfond)
- 6 EL Worcestersauce
- 2 EL Barbecue-Sauce

Für den Rub
- 1 EL schwarze Pfefferkörner
- 1 EL grobes Meersalz
- 1 TL ganzer Kümmel
- 1 TL Knoblauchgranulat
- 1 TL geräuchertes Paprikapulver
- 1 EL brauner Zucker

Für das Fleisch
- 2 kg Schweinenacken
- 4 EL Dijonsenf

Außerdem
- 1 Marinadenspritze

SO GEHT'S

1 Die Zutaten für die Injektion miteinander verrühren. Die Marinadenspritze aufziehen und die Marinade im Abstand von 5 cm vorsichtig in den Schweinenacken spritzen.

2 Die Zutaten für den Rub mörsern. Den Schweinenacken mit Dijonsenf einreiben, anschließend großzügig mit dem Rub bestreuen und fest in Frischhaltefolie wickeln. Ca. 12 Stunden in den Kühlschrank legen.

3 Den Grill auf 110 °C indirekte Hitze vorbereiten. Um die Temperatur zu regulieren, ggf. zwischen Grill und Deckel einen kleinen Abstandshalter platzieren (z. B. geknickte Alufolie).

4 Das Fleisch aus der Folie nehmen und in eine Auflaufform legen. Das Fleisch bei geschlossenem Deckel nun mindestens 12 Stunden grillen. Dafür am besten ein Fleischthermometer verwenden. Die Kerntemperatur sollte am Ende der Grillzeit 90–95 °C betragen. Das Fleisch anschließend in Alufolie wickeln und warmhalten. Zum Servieren mit zwei Gabeln zerrupfen.

TIPP

Pulled Pork lässt sich vielfältig verwenden. Hier gibt es das Fleisch „streetfoodmäßig“ im einfachen Fladenbrot mit Mayonnaise und frischen Sprossen.

RIBEYE STEAKS

mit Balsamico-Zwiebeln

FÜR 4 PORTIONEN

Für die Balsamico-Zwiebeln

- 300 g Mini-Zwiebeln
- 20 g Butter
- 2 EL brauner Zucker
- 2 EL Honig
- 200 ml Aceto balsamico
- 75 ml Rotwein
- 4 Stängel Thymian
- Salz und Pfeffer

Für die Steaks

- 1 Knoblauchzehe
- 1 Stück Butter
- 1 EL Rapsöl
- 4 Ribeye-Steaks (je 250 g)
- Salz

SO GEHT'S

1 Zwiebeln mit Schale in einen Topf legen, mit Wasser bedecken und aufkochen. Dann den Topf vom Herd ziehen und die Zwiebeln ca. 10 Minuten im Wasser abkühlen lassen. Anschließend Wasser abgießen und die Schale von den Zwiebeln ziehen.

2 Die Butter in einem Topf zerlassen, Zucker und Honig zugeben und warten, bis die Butter brutzelt. Dann Zwiebeln zufügen und etwa 4 Minuten karamellisieren, mit Aceto balsamico und Rotwein ablöschen. Thymian waschen, trocken schütteln, zufügen und ca. 10 Minuten ohne Deckel köcheln lassen. Anschließend mit Salz und Pfeffer würzen und bis zum Servieren ziehen lassen. Die Thymianstängel entfernen.

3 Den Grill auf 200 °C direkte und indirekte Hitze vorbereiten.

4 Für die Fleischglasur Knoblauch abziehen und halbieren. Butter mit Rapsöl und Knoblauch in einem Topf erhitzen, bis die Butter geschmolzen ist und ca. 5 Minuten köcheln lassen.

5 Das Fleisch leicht salzen, mit der zerlassenen Butter einstreichen und etwa 2 Minuten von beiden Seiten grillen. Dann in den indirekten Bereich legen, Hitze reduzieren und in weiteren 5 Minuten gar ziehen lassen.

6 Das Fleisch mit einem scharfen Messer in Tranchen schneiden und die lauwarmen Balsamico-Zwiebeln darüber verteilen.

CEVAPCICI

am Spieß

FÜR 4 PORTIONEN

- 5 EL Rapsöl
- 2 Knoblauchzehen
- 1 rote Zwiebel
- 3 EL Ajvar
- 1 TL Piment d'Espelette
- 1 TL edelsüßes Paprikapulver
- 500 g Rinderhackfleisch (alternativ halb und halb mit Lamm bzw. Schwein)
- Salz
- Pfeffer

Außerdem

- 16 Holz- oder Metallspieße

SO GEHT'S

1 Wenn Holzspieße verwendet werden, sollten diese vor der Verwendung einige Stunden gewässert werden.

2 Das Öl in einer Pfanne erhitzen. Knoblauch und Zwiebel schälen, fein hacken und mit Ajvar sowie beiden Paprikagewürzen darin andünsten und dann abkühlen lassen. Hackfleisch sowie 2 TL Salz und 1 TL Pfeffer hinzufügen, alles gut miteinander vermengen und mit leicht angefeuchteten Händen ca. 8 cm lange Röllchen aus der Masse formen. Diese etwa 30 Minuten ruhen lassen.

3 Den Grill auf 200 °C direkte und indirekte Hitze vorbereiten. Die Fleischröllchen auf die Spieße stecken und bei direkter Hitze rundherum ca. 4 Minuten grillen. Danach bei indirekter Hitze nochmals 4 Minuten gar ziehen lassen. Vom Feuer nehmen, sofort servieren und genießen.

ENTENBRUST-SALTIMBOCCA

mit Grill-Zitronen

FÜR 4 PORTIONEN

- 4 eingelegte, getrocknete Tomaten
- 3 Bio-Zitronen
- 1 EL geriebener Parmesan
- 1 Msp. geräuchertes Paprikapulver
- 5 EL Olivenöl
- 600 g Entenbrust
- 6 Scheiben Südtiroler Speck
- 12 Salbeiblätter
- 1 EL Zucker

Außerdem

- 12 kleine Metall- oder Holzspieße

SO GEHT'S

1 Wenn Holzspieße verwendet werden, sollten diese vor der Verwendung ca. 30 Minuten gewässert werden.

2 Die getrockneten Tomaten sehr fein hacken und in eine kleine Schüssel geben. Eine Zitrone heiß waschen, abtrocknen und die Schale fein abreiben. Zitronenschale, Parmesan, Paprikapulver und 3 EL Olivenöl hinzufügen. Die Zutaten mit einem Schneebesen gründlich vermengen.

3 Die Entenbrust trocken tupfen, längs in 0,5 cm dicke Streifen schneiden und in der Tomatenpaste marinieren. Für etwa 30 Minuten kühl stellen.

4 Die Speckscheiben längs in der Mitte zerteilen. Die Salbeiblätter waschen und trocken tupfen. Die Entenbruststreifen mit je 1 Stück Speck und 2 gewaschenen Salbeiblättern belegen, aufrollen und mit einem Spießchen fixieren.

5 Die restlichen Zitronen vierteln und die Schnittkanten dünn mit Zucker bestreuen.

6 Den Grill auf mittlere, direkte Hitze regulieren. Die Entenbruströllchen auflegen und ca. 10 Minuten grillen. Zwischendurch wenden. Nach der Hälfte der Grillzeit die gezuckerten Zitronen mit auf den Rost legen und karamellisieren. Zu den fertig gegrillten Saltimbocca-Spießen servieren.

BEEF-BURGER
mit Barbecue-Senf-Sauce

FÜR 4 PORTIONEN

Für die Sauce
- 1 Eigelb (Größe M)
- 1 TL Dijonsenf
- 1 EL Essig, 1 TL Zucker
- 125 ml Sonnenblumenöl
- 1 Schalotte, 2 Cornichons
- 2 EL Barbecue-Sauce
- 2 Msp. geräuchertes Paprikapulver
- 1 EL Zitronensaft
- Salz, Pfeffer

Für die Garnitur
- 2 Ochsenherztomaten
- 1 Handvoll Babyspinat
- 2 Zwiebeln
- Sonnenblumenöl

Für die Burger
- 4 Roastbeefsteaks (je 150 g)
- 2 EL Rapsöl
- 4 Burger-Brötchen
- Salz, Pfeffer

SO GEHT'S

1 Für die Sauce Eigelb, Senf, Essig und Zucker verrühren. Dann in einem dünnen Strahl das Öl hinzufügen und unterschlagen, bis eine Mayonnaise entsteht. Die Schalotte schälen, mit den Cornichons sehr fein würfeln und mit den restlichen Zutaten unter die Mayonnaise rühren.

2 Die Tomaten waschen, ggf. die Stielansätze herausschneiden und in Scheiben schneiden. Den Spinat verlesen, waschen und trocken schleudern. Die Zwiebeln schälen und in Ringe schneiden.

3 Den Grill auf 260 °C direkte und indirekte Hitze vorbereiten. Die Steaks leicht mit Rapsöl einstreichen, auf den Rost legen und von beiden Seiten 3 Minuten grillen, anschließend 5 Minuten in die indirekte Zone legen und die Hitze reduzieren.

4 Inzwischen die Burger-Brötchen aufschneiden und auf dem noch heißen Rost anrösten. Zwiebelringe mit etwas Öl, Salz und Pfeffer mischen und in einer Grillschale mitgrillen, bis sie bräunen.

5 Das Roastbeef in dünne Tranchen schneiden und diese mit den gegrillten Zwiebelringen in einer Schüssel vermischen. Mit Salz und Pfeffer würzen. Die Sauce auf den Brötchen-Hälften verstreichen. Auf die Brötchen-Böden Spinatblätter, Tomatenscheiben und Fleisch-Tranchen aufschichten. Dann die Brötchen-Deckel auflegen, leicht andrücken und genießen.

PIZZA

mit Flanksteakstreifen

FÜR 2–4 PORTIONEN

Für den Teig

- 135 ml Milch
- 1 TL Zucker
- 1 Pck. Trockenhefe
- 400 g Mehl, plus etwas mehr für die Arbeitsfläche
- 2 EL Olivenöl, 1 TL Salz

Für den Belag

- 100 ml Olivenöl
- ½ TL Meersalz
- ½ TL Piment d'Espelette (alternativ Cayennepfeffer)
- 50 g Wildkräuter (alternativ Rucola)
- 500–600 g Flanksteak
- Fleur de Sel
- 100 g Blauschimmelkäse
- 100 g geriebener Mozzarella

Außerdem

- 1 Pizzastein

SO GEHT'S

1 Für den Pizzateig Milch mit 135 ml Wasser mischen und lauwarm erwärmen. Zucker und Trockenhefe darin auflösen, dann Mehl, Öl und Salz zufügen und alles zu einem Teig verarbeiten. Den Teig, mit einem sauberen Küchentuch abgedeckt, für mindestens 4 Stunden gehen lassen. Nach der Hälfte der Zeit einmal durchkneten.

2 Zwischenzeitlich 100 ml Olivenöl, Meersalz und Piment d'Espelette verrühren und beiseitestellen. Die Wildkräuter waschen, trocken schütteln und grob zerzupfen. Das Flanksteak ggf. von Sehnen befreien, mit etwas Öl einpinseln und leicht salzen. Den Blauschimmelkäse zerbröseln.

3 Etwa 20 Minuten vor dem Grillen den Pizzastein auf den Grill legen und diesen auf maximale Temperatur aufheizen. Den Teig für die Pizza halbieren. Auf einer bemehlten Arbeitsfläche die beiden Hälften jeweils kreisrund ausrollen, mit dem gewürzten Öl bepinseln und gleichmäßig mit Mozzarella bestreuen. Das restliche Würzöl mit den Wildkräutern vermischen.

4 Die Pizza auf den Pizzastein ziehen. Bei geschlossenem Grilldeckel 8–12 Minuten grillen. Im selben Durchgang das Flanksteak mitgrillen. Nach 3 Minuten einmal wenden. Für die zweite Pizza das Fleisch in Alufolie warmhalten.

5 Die fertige Pizza mit dünn aufgeschnittenen Steakstreifen, gebröseltem Blauschimmelkäse und marinierten Kräutern belegen.

STECKERLFISCH

mit Kräuter-Rub

FÜR 2–4 PORTIONEN

Für den Fisch

- 4 küchenfertige Fische (z. B. Saibling, Makrele)

Für den Rub

- 2 EL fein gehackter Thymian
- 2 EL fein gehackter Rosmarin
- 2 TL Fenchelsamen
- 2 TL Knoblauchgranulat
- 2 TL Piment d'Espelette
- 3 TL Rauchsalz
- 2 TL Pfefferkörner
- 2 TL Abrieb von 1 Bio-Zitrone
- 100 ml Sonnenblumenöl

Außerdem

- 4 Holzstöcke (ca. 60 cm; z. B. vom Weiden- oder Nussbaum; alternativ breitere Metallspieße)

SO GEHT'S

1 Die trockenen Zutaten für den Rub in einem Mörser zerkleinern. Dann 1 EL Rub abnehmen, das Sonnenblumenöl damit würzen und anschließend beiseitestellen.

2 Die Haut der küchenfertigen Fische leicht einritzen und mit dem Rub innen und außen einreiben. Mindestens 2 Stunden, am besten aber über Nacht, abgedeckt ruhen lassen, damit die Aromen in den Fisch ziehen können.

3 Den Grill für 180 °C indirekte Hitze vorbereiten. Die „Steckerl" durch das Maul der Fische bis durch das Schwanzende schieben. Für die Steckerl einen Abstandshalter auf dem Grillrost platzieren (entweder aus dem Zubehörhandel oder einfach zwei gefaltete Grillschalen verwenden) und die Fische ohne direkten Kontakt zum Rost auflegen.

4 Während der Grillzeit von ca. 20 Minuten die Fische immer wieder mit dem Würzöl bestreichen und wenden. Dann vom Feuer nehmen und sofort genießen.

TIPP

Der Fisch kann ebenso gut mit der Fischzange zubereitet werden.

MIESMUSCHELN

mit Salami und Estragon-Butter

FÜR 2 – 4 PORTIONEN

- 5 Zweige Estragon
- 1 Knoblauchzehe
- 100 g weiche Butter
- 2 EL Olivenöl
- Piment d'Espelette (alternativ Chiliflocken)
- Fleur de Sel
- 2 kg küchenfertige Miesmuscheln
- 100 g grobe Salami (am Stück)
- 1 frisches Baguette

Außerdem:
- 1 gusseiserne Grillplatte

SO GEHT'S

1 Die Estragonzweige waschen, trocken schütteln und die Blätter abzupfen, danach fein hacken. 1 EL davon zurückbehalten. Die Knoblauchzehe schälen, pressen, in ein kleines Sieb geben und mit 1 Tasse heißem Wasser überbrühen. Die weiche Butter in eine Schüssel geben, mit Olivenöl, Knoblauch, Estragon und Piment d'Espelette vermengen und mit Fleur de Sel leicht salzen.

2 Den Grill auf 200 °C vorbereiten. Die Grillplatte auflegen.

3 Die Miesmuscheln abspülen, verlesen (geschlossene Muscheln wegwerfen) und in eine große Schüssel geben. Die Salami in dünne Scheiben schneiden, auf die Grillplatte legen und grillen, bis das Fett herausgeschmolzen ist. Die kross gegrillten Salamischeiben vom Grill nehmen und bis zum Servieren warmhalten.

4 Die Estragonbutter in einem kleinen Topf schmelzen, über die Muscheln geben und gut durchrühren. Die Muscheln auf die Grillplatte mit dem ausgetretenen Salamifett geben und insgesamt ca. 10 Minuten grillen, dabei gelegentlich etwas bewegen. Zum Anrichten die Muscheln mit den krossen Salamischeiben vermischen und mit dem zurückbehaltenen Estragon bestreuen. Mit frischem Baguette servieren.

PULLED LACHS

von der Planke

FÜR 4 PORTIONEN

Für die Marinade

- 1 kleines Bund Estragon
- 1 kleines Bund Petersilie
- 1 kleine Chilischote
- 1 kleine Frühlingszwiebel
- 100 ml Olivenöl
- 1 EL Dijonsenf
- 1 EL helle Sojasauce
- 1 EL Pernod (Anisschnaps)
- Salz, Pfeffer

Für den Lachs

- 1 Fenchelknolle
- 1 Lachsseite mit Haut (600–800 g)
- 4 Brotscheiben (alternativ Burger-Brötchen)
- 100 g würzige Pflücksalatmischung (küchenfertig)

Außerdem

- 1 Holzplanke (z. B. von der Zeder)

SO GEHT'S

1 Die Kräuter für die Marinade waschen, trocken schütteln, die Blätter abzupfen und fein hacken. Chilischote und Frühlingszwiebel ebenfalls klein schneiden. Mit den restlichen Marinade-Zutaten vermischen, vorsichtig abschmecken und ziehen lassen.

2 Den Fenchel putzen, waschen und in feine Scheiben schneiden. Mit etwas Marinade bestreichen und ziehen lassen.

3 Den Grill auf 150 °C direkte und indirekte Hitze vorbereiten. Die Holzplanke kurz in die direkte Zone legen, bis sie raucht, dann in der indirekten Zone platzieren. Den Lachs mit der Hautseite nach unten auf die Planke legen und mit etwas Marinade bestreichen. Bei geschlossenem Deckel ca. 25 Minuten grillen.

4 Während des Grillvorgangs die marinierten Fenchelscheiben und ggf. Brotscheiben in der direkten Zone des Grills ein wenig knusprig bräunen.

5 Den fertig gegarten Lachs von der Haut befreien, in eine Reine oder ein tiefes Backblech legen und mit zwei Gabeln in Stücke zupfen. Den Pflücksalat mit der restlichen Marinade vermischen und unter die Lachsstücke mischen. Die Brotscheiben mit dem gegrillten Fenchel und der Lachs-Salat-Mischung belegen. Noch leicht warm servieren.

SALZHERINGE

mit Sylter Grillkartoffeln

FÜR 4 PORTIONEN

Für den Fisch

- 4 ganze Salzheringe (küchenfertig)

Für das Dressing

- 500 ml Naturjoghurt
- 200 g saure Sahne
- 2 Schalotten
- ½ grüner Bio-Apfel
- 1 kleines Bund Dill
- 1 TL mittelscharfer Senf
- 2 EL Apfelessig
- 2 TL Zucker
- Milch
- Salz, Pfeffer

Außerdem

- 800 g kleine, junge Kartoffeln (z. B. Drillinge)
- 2 EL neutrales Pflanzenöl
- 2 EL Knoblauchbutter (Fertigprodukt)

SO GEHT'S

1 Die Salzheringe gut abspülen, in eine Schüssel mit Wasser legen und etwa 24 Stunden wässern. Das Wasser mehrmals wechseln.

2 Für das Dressing Joghurt und saure Sahne in eine Schüssel geben. Schalotten schälen und fein würfeln. Den halben Apfel waschen und reiben. Dill waschen, trocken schütteln und fein hacken. Alles zur Joghurt-Sauerrahm-Mischung geben und mit den restlichen Zutaten für das Dressing gut verrühren und abschmecken. Bis zum Servieren gut durchziehen lassen.

3 Die Kartoffeln in leicht gesalzenem Wasser etwa 10 Minuten vorkochen. Den Grill auf 200 °C indirekte Hitze vorheizen. Die vorgegarten Kartoffeln etwas ausdämpfen lassen. Das Öl in eine feuerfeste Form geben (z. B. eine Grillpfanne), Kartoffeln zufügen und 15 Minuten grillen, bis sie leicht bräunen. Die Kartoffeln mit einem Kartoffelstampfer leicht andrücken, dann weitere 15 Minuten grillen. Vom Grill nehmen und warmhalten.

4 Den Grill auf 180 °C direkte Hitze vorbereiten. Die gewässerten Heringe trocken tupfen und an den Seitenflanken 3–4 Mal einschneiden. Die Gewürzbutter schmelzen, die Fische damit bestreichen und von beiden Seiten 6–7 Minuten grillen, am besten auf einer Grillmatte.

5 Die gegrillten Heringe und Kartoffeln anrichten. Das Dressing separat in einem Töpfchen dazustellen.

PULPO

mit Schinken-Chips

FÜR 4 PORTIONEN

Für den Pulpo

- 600 g Pulpo (Krake, küchenfertig)
- 50 ml Essig
- 1 Lorbeerblatt
- ½ TL Pfefferkörner
- 4 Knoblauchzehen

Für die Schinken-Chips

- 200 g fein aufgeschnittener Schinken (alternativ Südtiroler Speck)
- Paprikapulver
- Rapsöl
- Saft von 1 Zitrone
- 1 TL Paprikapulver
- Salz, Pfeffer
- 1 Chilischote
- Olivenöl
- gehackte Petersilie

Außerdem

- 1 Grillschale

SO GEHT'S

1 Den Pulpo im Ganzen in einen Topf legen und mit Wasser bedecken. Essig, Lorbeerblatt, Pfefferkörner und geschälten Knoblauch zufügen. Bei geschlossenem Deckel aufkochen, etwa 10 Minuten köcheln lassen und anschließend im Kochwasser auskühlen lassen.

2 Inzwischen den Backofen auf 100 °C Umluft vorheizen, den Schinken ggf. zuschneiden, mit etwas Paprikapulver bestäuben und auf einem mit Backpapier ausgelegten Blech verteilen. Bei leicht geöffneter Ofenklappe etwa 1 Stunde trocknen.

3 Den Grill für 200 °C direkte Hitze vorbereiten. Den abgekühlten Pulpo mit einem Messer in Stücke zerteilen. Die weich gekochten Knoblauchzehen mit einem guten Schuss Rapsöl und dem Saft der Zitrone zerdrücken, Paprikapulver, ½ TL Salz und etwas Pfeffer zufügen. Die Pulpostücke kurz darin marinieren.

4 Den Pulpo in einer Grillschale etwa 10 Minuten grillen. Währenddessen die Chilischoten waschen und in feine Ringe schneiden. Zum Servieren den Pulpo mit einem Schuss Olivenöl, gehackter Petersilie und fein geschnittener Chilischote mischen. Dazu die Schinkenchips reichen.

PECORINO

mit Birnen-Ingwer-Chutney

FÜR 4 PORTIONEN

Für das Chutney

- 500 g mittelfeste Birnen
- 1 Bio-Zitrone
- 15 g frischer Ingwer
- 50 g Zucker
- 100 ml Apfelessig
- 50 g Honig
- 2 Zweige Thymian
- 1 kleiner Zweig Rosmarin
- 1 Msp. Piment d'Espelette (alternativ Chiliflocken)
- Salz

Für den Pecorino

- 4 Scheiben Pecorino (jeweils 1 cm dick)

SO GEHT'S

1 Für das Chutney die Birnen schälen, halbieren, das Kerngehäuse entfernen und in kleine Würfel schneiden. Die Zitrone heiß waschen, abtrocknen, die Schale abreiben und den Saft auspressen. 1 TL Zitronenabrieb und den -saft zu den Birnenwürfeln geben. Ingwer (mit Schale) fein reiben und ebenfalls zu den Birnen geben.

2 Den Zucker in einem Topf schmelzen, bis er leicht bräunt. Mit dem Apfelessig ablöschen, den Honig zufügen und alles bis zum Siedepunkt erhitzen. Die Birnen-Mischung und die restlichen Zutaten zufügen. Die Hitze reduzieren und das Chutney ca. 30 Minuten leicht einköcheln lassen. Am Ende mit Salz abschmecken, die Kräuterstängel wieder herausnehmen und das Chutney in Gläser abfüllen. Abkühlen lassen.

3 Den Grill auf direkte, hohe Hitze vorbereiten. Die Käsescheiben von beiden Seiten ca. 2 Minuten direkt auf dem Rost oder in einer Grillschale grillen, bis sich Röstspuren abzeichnen. Anschließend sofort mit dem Chutney servieren und genießen.

CAESAR SALAD

mit Röstbrot

FÜR 4 PORTIONEN

Für das Röstbrot

- Parisienne-Brot (vom Vortag)
- Rapsöl
- ½ Knoblauchzehe

Für das Dressing

- 2 Knoblauchzehen
- 1 Eigelb (Größe M)
- 120 ml Olivenöl
- 2 EL Aceto balsamico bianco (alternativ Zitronensaft)
- 2 EL Worcestersauce
- 1 TL Zucker
- 2 TL Dijonsenf
- Salz, Pfeffer
- 80 g frisch geriebener Parmesan

Für den Salat

- 4 Romanasalatherzen
- Rapsöl

SO GEHT'S

1 Den Grill für 200 °C direkte Hitze vorbereiten.

2 Das Parisienne in dünne Scheiben schneiden, mit etwas Rapsöl bestreichen und kurz auf den Grillrost legen, bis sich Grillspuren bilden. Dann mit einer halben, geschälten Knoblauchzehe 2–3 Mal über die gerösteten Schnittflächen streichen und beiseitelegen.

3 Für das Dressing den Knoblauch schälen und hacken. Dann mit Eigelb, Olivenöl, Aceto balsamico bianco, Worcestersauce, Zucker und Senf in einem Standmixer aufmixen und mit Salz und Pfeffer abschmecken. 2–3 EL vom geriebenen Parmesankäse unterrühren.

4 Die Salatherzen waschen und längs zerteilen. Mit etwas Rapsöl bestreichen und auf den Grillrost legen, bis sich Grillspuren bilden. Den gegrillten Salat mit etwas Dressing überziehen und mit dem restlichen Parmesan bestreuen. Zum Servieren die gerösteten Brotscheiben dazureichen.

TIPP

Das geröstete Brot kann auch zerbröselt über die Salatherzen gestreut werden.

BBQ FLATBREAD

frisch aus dem Feuer

FÜR CA. 10 STÜCK

- 100 ml Milch
- ¼ Würfel frische Hefe (ca. 10 g)
- ½ TL Zucker
- 100 g Naturjoghurt
- ½ TL Backpulver
- 250 g Mehl, plus etwas mehr für die Arbeitsfläche
- Salz

Außerdem

- 1 Pizzastein

SO GEHT'S

1 Die Milch lauwarm erwärmen, Hefe hineinbröseln und Zucker zufügen. Anschließend verrühren, bis beides aufgelöst ist. Joghurt und Backpulver untermischen, dann unter Rühren das Mehl einsieben und ½ TL Salz zufügen. Falls der Teig – je nach Mehlsorte – noch zu klebrig ist, etwas mehr Mehl hinzugeben und den Teig, mit einem sauberen Küchentuck abgedeckt, ca. 1 Stunde gehen lassen.

2 Aus dem Teig 6–8 Kugeln formen und auf einer leicht bemehlten Arbeitsfläche zu dünnen Fladen ausrollen. Nochmals 10 Minuten zugedeckt gehen lassen.

3 Den Grill mit dem Pizzastein vorbereiten und maximal aufheizen. Die Fladen darauf nacheinander von beiden Seiten 1–2 Minuten backen. Vor dem Wenden sollte der Teig deutliche Blasen werfen. Das Brot eignet sich sowohl als Beilage als auch zur Weiterverarbeitung für Wraps oder Kebabs.

HALLOUMI

mit Gemüse und Radieschen-Pesto

FÜR 4 PORTIONEN

- 3–4 kleine gelbe oder grüne Zucchini
- 1 Bund Radieschen
- 50 g Walnusskerne
- 4 EL Walnussöl
- 50 g frisch geriebener Parmesan (alternativ Pecorino)
- Salz, Pfeffer
- Rapsöl
- 400 g Halloumi-Käse (in Scheiben)
- Sprossen nach Wahl

SO GEHT'S

1 Die Zucchini putzen, waschen und längs in Scheiben hobeln. Die Radieschen putzen, waschen und halbieren. Das Radieschengrün verlesen, waschen, trocken schütteln und grob hacken. Die Walnüsse grob hacken und mit Walnussöl und geriebenem Käse zu einem Pesto mörsern. Mit Salz und Pfeffer abschmecken.

2 Den Grill auf 180 °C direkte Hitze vorbereiten. Die Zucchinischeiben mit etwas Rapsöl bestreichen. Mit dem in Scheiben geschnittenen Halloumi und den Radieschenhälften einige Minuten grillen, bis sich Grillspuren bilden.

3 Währenddessen die Sprossen waschen und abtropfen lassen. Dann die Zucchini wie Spaghetti aufdrehen und auf Tellern anrichten. Mit den gegrillten Radieschen und dem Halloumi belegen und mit Pesto überziehen. Zum Schluss mit Sprossen und Radieschengrün garnieren und servieren.

TIPP

Wer es gerne etwas intensiver mag, mischt unter das Radieschengrün noch ein paar Rucolablätter.

CHEESE-SANDWICH

mit Waldpilzen

FÜR 4 PORTIONEN

- 500 g Waldpilze (alternativ Kräutersaitlinge)
- Salz
- neutrales Pflanzenöl
- 2 TL Zitronensaft
- 8 Scheiben frisches Weißbrot (alternativ Ciabatta)
- 50 g weiche Butter
- 200 g Gruyère (alternativ Bergkäse)
- 1 Zwiebel
- 2 Stängel glatte Petersilie
- Pfeffer

Außerdem

- Trüffelöl

SO GEHT'S

1 Die Pilze putzen und längs in nicht zu dünne Scheiben schneiden, leicht salzen und mit etwas Öl und Zitronensaft beträufeln. Durchmischen und abgedeckt ca. 30 Minuten ziehen lassen.

2 Den Grill auf 200 °C indirekte Hitze vorbereiten.

3 Die Weißbrotscheiben großzügig von beiden Seiten mit der weichen Butter bestreichen. Den Käse reiben. Die Zwiebel schälen und in Ringe schneiden. Die Petersilie waschen, trocken schütteln, die Blätter abzupfen und grob hacken. Mit dem Käse vermischen und anschließend auf 4 Brotscheiben verteilen.

4 Die Pilzscheiben und Zwiebelringe jeweils 1–2 Minuten von beiden Seiten angrillen. Auf die mit Käse bedeckten Brotscheiben verteilen und mit etwas Trüffelöl beträufeln. Mit den vier übrigen Brotscheiben zusammenklappen.

5 Die Sandwiches auf den Grill legen und beide Seiten etwa 4 Minuten grillen. Zum Servieren die Sandwiches diagonal zerteilen und mit etwas Pfeffer bestreuen.

SÜßES STOCKBROT

mit Zimt, Rosinen und Nüssen

FÜR 2 – 6 PORTIONEN

- 200 ml Milch
- 42 g frische Hefe (1 Würfel)
- 500 g Mehl, plus etwas mehr für die Arbeitsfläche
- 1 Pck. Vanillezucker
- 80 g Zucker
- 100 g weiche Butter
- 3 EL Rosinen
- 2 EL gehackte Haselnusskerne
- 1 TL gemahlener Zimt
- 1 Ei (Größe M)
- Salz

Außerdem:

- 10 Holzstöcke (z. B. vom Haselnussbaum)

SO GEHT'S

1 Die Milch leicht erwärmen und in eine große Schüssel füllen. Hefe hineinbröseln und unter Rühren auflösen. Mit einem Handrührgerät die restlichen Zutaten nach und nach miteinander verkneten (am besten mit dem Knethaken), bis ein glatter Teig entsteht. Den Teig, mit einem sauberen Küchentuch abgedeckt, an einem warmen Ort ca. 1 Stunde gehen lassen.

2 Die Stöcke säubern und ggf. vom unteren Teil die Rinde entfernen, auf welchen der Teig später aufgewickelt werden kann.

3 Nach der Ruhephase den Teig aus der Schüssel nehmen und auf einer bemehlten Arbeitsfläche in 10 Portionen teilen. Die einzelnen Portionen ausrollen und in ca. 5 cm breite Streifen schneiden. Diese nacheinander (nicht zu stramm) um den unteren Teil der Stöcke wickeln. Die umwickelten Stöcke nochmals ca. 30 Minuten abgedeckt ruhen lassen.

4 Ein Grill, Lager- oder Kaminfeuer vorbereiten und die Stockbrote unter ständigem Drehen über der Glut ca. 15 Minuten grillen. Anschließend aus dem Feuer nehmen und warm genießen.

TIPP

Nach Belieben mit etwas Puderzucker bestreuen.

GEBRANNTE CREME

mit Salzmandeln

FÜR 4 PORTIONEN

- Salz
- 1 Handvoll Mandelkerne
- 200 ml Milch
- 1 TL Abrieb von 1 Bio-Orange
- 60 g Zucker
- Mark von 1 Vanilleschote
- 300 g Sahne
- 4 Eigelb (Größe M)
- 60 g brauner Zucker

Außerdem

- 1 Grillschale

SO GEHT'S

1 2 TL Salz in 200 ml Wasser auflösen und die Mandeln darin einweichen. Die Milch mit Orangenschale, Zucker und Vanillemark kurz aufkochen, vom Herd ziehen und etwas abkühlen lassen. Sahne und Eigelb zufügen. Alles mit einem Schneebesen verquirlen und ca. 10 Minuten stehen lassen.

2 Den Grill auf 140 °C indirekte Hitze vorbereiten.

3 Die Masse auf 4 flache ofenfeste Förmchen verteilen und diese in einen Bräter mit heißem Wasser stellen, sodass diese zur Hälfte eingetaucht sind. Die Mandeln abgießen, in eine Grillschale geben, zusammen mit dem Bräter auf den Grillrost stellen und den Deckel schließen. Nach ca. 50 Minuten sollte die Masse gestockt sein. Herausnehmen, die Schälchen in den Kühlschrank stellen und ca. 2 Stunden auskühlen lassen. Die Mandeln grob hacken.

4 Die Creme mit braunem Zucker bestreuen und mithilfe eines Bunsenbrenners zum Schmelzen bringen. Mit den gehackten Salzmandeln bestreuen und servieren.

KAISERSCHMARRN

mit Cranberry-Sauce

FÜR 4 PORTIONEN

Für die Cranberry-Sauce

- 1 Bio-Orange
- 100 g Zucker
- 250 g frische Cranberrys (alternativ TK-)
- 1 TL Speisestärke

Für den Kaiserschmarrn

- 200 ml Milch
- 5 Eier (Größe M)
- 120 g Mehl
- 1 TL Abrieb von 1 Bio-Zitrone
- Salz
- 3 EL Zucker
- 50 g Butterschmalz
- Puderzucker
- 50 g dunkle Schokolade

Außerdem

- 1 feuerfeste Pfanne

SO GEHT'S

1 Für die Cranberry-Sauce Orange heiß waschen, abtrocken, die Schale fein abreiben und Saft auspressen. Den Saft und die Schale der Orange in einem Topf erhitzen, dann Zucker und Cranberrys hinzufügen und kurz aufkochen. Die Stärke zuerst in etwas Wasser auflösen, dann unterrühren. Die Sauce vollständig auskühlen lassen.

2 Für den Kaiserschmarrn Milch, 2 Eier, Mehl, Zitronenschale und 1 Prise Salz glatt verrühren. Die restlichen Eier trennen. Das Eiweiß und 2 EL vom Zucker halb steif schlagen. Eischnee, Eigelb und Mehl-Mix vorsichtig miteinander vermengen und ca. 10 Minuten ruhen lassen.

3 Inzwischen den Grill auf 200 °C indirekte Hitze vorbereiten. Eine Eisenpfanne auf den Rost stellen, das Butterschmalz erhitzen und die Teigmasse hineingießen. Bei geschlossenem Deckel etwa 15 Minuten backen. Anschließend den Teig mit 2 Gabeln in Stücke zerrupfen, mit dem restlichen 1 EL Zucker bestreuen und nochmals ca. 5 Minuten backen. Zum Servieren mit Puderzucker bestäuben. Die Schokolade grob hacken, unter die Cranberry-Sauce mischen und dazu reichen.

TIPP

Eine zusätzliche Kugel Eis macht sich dazu immer gut.

MARSHMALLOW-SPIEßE

mit Erdbeeren

FÜR 4 PORTIONEN

- 500 g frische Erdbeeren
- 50 g dunkle Schokolade
- 1 Handvoll Basilikum (alternativ Minzeblättchen)
- 16 Marshmallows (in mundgerechter Größe)

Außerdem

- 8 Holz- oder Metallspieße
- 1 Grillschale

SO GEHT'S

1 Den Grill für 200 °C direkte Hitze vorbereiten.

2 Die Erdbeeren putzen, vorsichtig waschen und trocken tupfen. Die dunkle Schokolade klein raspeln. Das Basilikum waschen, trocken schütteln und die Blätter abzupfen.

3 Die Marshmallows in einer Grillschale bis zum gewünschten Bräunungsgrad rösten, dann vom Feuer nehmen und etwas abkühlen lassen.

4 Die gerösteten Marshmallows abwechselnd mit frischen Erdbeeren und Kräuterblättchen aufspießen und in geraspelter Schokolade wälzen. Anschließend servieren und genießen.

I DID MY

GRILLAPFEL-KOMPOTT

mit Cranberrys

FÜR 4 PORTIONEN

- 1 Schuss Orangensaft
- 1 Zimtstange
- 2 TL Zucker
- 1 Handvoll frische Cranberrys
- 50 g Butter
- 8 aromatische Äpfel (z. B. Cox Orange oder Elstar)
- Saft und Abrieb von 1 Bio-Zitrone
- 1 TL gemahlener Zimt
- 1–2 EL brauner Zucker
- 2 EL Calvados

Außerdem

- 1 Grillschale

SO GEHT'S

1 Orangensaft, Zimtstange und Zucker in eine Pfanne geben und erhitzen, bis der Zucker sich vollständig aufgelöst hat. Anschließend die Canberrys zufügen, kurz köcheln, bis sie aufplatzen, dann die Pfanne beiseitestellen und das Ganze abkühlen lassen.

2 Den Grill für 200 °C direkte Hitze vorbereiten. Die Butter in einem kleinen Topf auf dem Rost zerlassen. Die Äpfel waschen, schälen, vom Kerngehäuse befreien und achteln. Apfelstücke mit der flüssigen Butter, Saft und Abrieb der Zitrone und gemahlenem Zimt in einer großen Schüssel mischen.

3 Die marinierten Apfelstücke in einer Grillschale ca. 20 Minuten grillen. Zum Schluss mit braunem Zucker bestreuen, mit dem Calvados übergießen und kurz flambieren. Äpfel und Cranberrys mischen und z. B. in ein Einmachglas füllen oder nach kurzer Abkühlzeit gleich servieren.

TIPP

Zum Servieren das Kompott mit ein paar gerösteten Nüssen bestreuen.

IMPRESSUM

Bibliografische Information der Deutschen Bibliothek.

Die Deutsche Bibliothek verzeichnet diese Publikation in der Deutschen Nationalbibliografie.

Detaillierte bibliografische Daten sind im Internet über http://www.dnb.de/ abrufbar.

EIN BUCH DER EDITION MICHAEL FISCHER

1. Auflage 2020

Covergestaltung: Yvonne Witzan

Projektleitung und Lektorat: Diana Jedrzejewski

Layout: Silvia Keller & Yvonne Witzan

Alle Texte, Bilder und Rezepte: Guido Schmelich, Holzkirchen b. München

ISBN 978-3-96093-700-5

Gedruckt bei Polygraf Print, Čapajevova 44, 08001 Prešov, Slowakei

www.emf-verlag.de

FSC
www.fsc.org
MIX
Papier aus verantwortungsvollen Quellen
FSC® C145070